TRES DISPAROS EN EL PECHO

TRES DISPAROS EN EL PECHO

RAQUEL VILLAR

Valparaíso
EDICIONES

VALPARAÍSO POESÍA

Diseño de interior y maquetación: Chari Nogales
www.charinogales.com @chari_nogales

Imagen de portada: Alberto Esteban Clavijo
Ilustraciones: manuecontilde

Primera edición: octubre 2025

© De los poemas: Raquel Villar

© Valparaíso Ediciones
 C/ Fray Leopoldo, 7 bajo, 18014 Granada
 www.valparaisoediciones.es

ISBN: 979-13-87538-79-8
Depósito Legal: GR 1382-2025

Impreso en España - Printed in Spain
Gráficas Gami

A la niña de los ojos color aceituna.

PRÓLOGO

Cuando se dispara un arma, se suceden una serie de reacciones físico— químicas que generan la producción de los residuos de la pólvora. Restos de plomo, cobre del detonador, carga iniciadora...a los que de manera más genérica podemos referirnos como residuos de disparo.

El proceso del disparo comienza cuando el tirador presiona el gatillo. En ese momento se libera el percutor y tiene lugar la ignición de la pólvora en sí. Los gases producidos en la combustión de ésta ejercen una fuerza sobre la bala, provocándole el impulso hacia delante.

Cuando una persona recibe un disparo, la primera sensación es una especie de quemazón que le sacude el cuerpo entero y le paraliza al mismo tiempo que le convulsiona por los cambios de dirección que la bala pueda tener, afectando a los órganos que encuentre en su camino.

Tres disparos en el pecho cuenta la historia de cómo se sintió alguien que, tras dos disparos superados, recibió un tercero, todos ellos provocados por el mismo tirador. Sólo que, en esta ocasión, el arma no era un arma, la bala no era una bala, y el único órgano afectado fue siempre el más importante de todos: su corazón.

Afortunadamente, nunca habrá un cuarto disparo.

PRIMERA PARTE

COMBUSTIÓN

LA ÚLTIMA BALA

Tenía tan solo siete años la primera vez que fui al cine.

Me costaba distinguir el derecho del revés de las prendas de ropa al vestirme, y a duras penas conseguía hacer una lazada consistente con los cordones de las zapatillas, pero esa tarde puse especial interés en que todo saliera perfecto.

Elegí mi mejor gorro y mi camiseta favorita.

Era verano, pero desde niña siempre he llevado cosas puestas en la cabeza.

En parte porque me gusta cómo quedan, y en parte para que no se me escapen los pájaros que tengo dentro.

Recuerdo el camino, cogida de la mano de mi padre, el olor de las palomitas recién hechas y al señor de bigote amarillo que le hizo una rajita a mi entrada, desgarrando el papel con absoluto desinterés, como había hecho con el de la mujer de delante y como haría con el del hombre de detrás.

Qué fácil es para el ser humano destruir, que algo deje de ser útil en cuestión de segundos, con lo que cuesta construirlo.

Tiempo después descubrí que tenía el bigote amarillo porque fumaba mucho, y que fue el tabaco el que acabó destruyéndole a él, pero eso es otra historia.

Subimos las escaleras en dirección a la sala seis, conté dieciocho peldaños.

Estábamos en la última fila.

Fila once, butaca dos.

Uno uno dos.

Emergencia.

La salida estaba justo en frente, un poco lejos, si pasaba algo.

Pero qué me iba a pasar, de la mano de mi padre.

Estaba a salvo,

en lugar seguro.

Se apagaron las luces,

y todo quedó en silencio.

Apreté con fuerza su mano porque me daba, y me sigue dando,
   miedo la oscuridad.

Me aterra el hecho de imaginar que hay algo que no puedo
   ver, pero que existe.

Que está ahí y no lo controlo, que puedo percibirlo, pero no
   apreciarlo.

Cuando las imágenes comenzaron a sucederse, una parte de
   mí sintió como si se mimetizara con ellas, como si en ese
   momento no existiera nada más alrededor.

Esa micro realidad que se crea entre la pantalla y tú.

Sólo tú.

A veces duele.

Otras veces asusta.

Y otras te hace sentir un poco menos vacía por dentro.

Porque nadie nos enseña que el amor no es sólo eso que sucede
   en las películas.

El amor es otra cosa, pero eso una no lo sabe hasta que no lo
   descubre fuera de las pantallas, fuera de la sala de butacas.

Una pareja se besó justo delante, en la fila diez, y eso me gustó.

Me gustó pensar que algo de amor también podía suceder ahí

dentro, aunque a veces se acabe.

Es angustioso pensar que no solemos valorar el instante hasta
que se convierte en recuerdo.

Que nos enseñan cómo afrontar las primeras veces, pero nadie
nos prepara para las últimas.

Conté tres disparos a lo largo de la película.

Tres disparos que me llegaron bien adentro.

Tenía tan solo siete años la primera vez que fui al cine, sí.

Y desde entonces siempre me siento en la última fila.

Porque siempre recordaré la primera vez que fui,

pero no podré recordar la última.

Simplemente porque no sabré que es exactamente eso.

La última.

TERCER DISPARO

El hombre es el único ser vivo que puede morir tres veces.
Por lo menos.
No tengo claro todavía si debe existir una cuarta.

A LA ALTURA PERFECTA

Siempre dicen que es muy alto.
Y yo digo que no lo es.
Que tiene la altura perfecta.
Porque cuando apoyo mi cabeza sobre su pecho,
quedo a la altura de su barbilla
para que me bese en la frente.
Y los días en los que me siento más pequeña,
hace que me sienta ni grande ni pequeña.
A la altura perfecta.
Ahora este pecho tiene tres disparos.
Uno.
Dos.
Tres.
Ya no puedo apoyar mi cabeza en el suyo
sin derramarme en dolor.
No sé dónde están las balas,
pero espero no encontrarlas.

SESENTA Y NUEVE

A veces siento que la vida se me derrama como una taza de café
  sobre la mesita plegable de un tren en marcha.
Por la ventana un paisaje desdibujado me atraviesa
en sentido contrario a lo que me refleja
cuando me alejo de ti.
Tengo las manos frías.
Cierro los ojos.
E imagino deslizarlas entre ese bendito espacio que me insinúas
  entre camisa y espalda.
Un escalofrío.
Tiemblan mis ganas de abrazarte,
Y me pregunto
cuándo podré volver a escribirte un te quiero
sin que se te encojan las costillas y te llore el corazón a mares
mientras algo dentro te grita lo bonito que sería que tú y yo
  pudiésemos hablar de nuevo el mismo idioma.
Y sí.
Dice Marwán que el amor es el único juego en el que hay que
  empatar.
Y yo soy de ganar siempre.
Pero por ti estoy dispuesta a llegar al tiempo de descuento y
  dejarte marcar en el minuto 96.
O 69, no sé.
Todo es negociarlo.

REGRESO A MI PLAYA

Hoy regresé a mi playa después de varios años.
El mar está revuelto y hay tormenta en las entrañas.
No me deja ver la orilla y tiemblo
al sentir el agua fría abrazando mis pies descalzos de vida.
Descalzos de ti.
Con la punta del dedo meñique,
ese que siempre acaricias,
dibujo tu nombre a escondidas.
Una ola trata de arrastrarlo, pero sigue ahí.
No se lo lleva.
No hay manera.
Y me pregunto
cuánto tiempo puede aguantar un corazón latiendo fuerte y con garra,
con tres agujeros,
en tierra,
sin dejarse arrastrar por la marea.

PRECIPICIO

Puedo con todo.
Pero no con todo a la vez.
Y esta vez
mi todo
ha podido conmigo.

TRES DISPAROS EN EL PECHO

Tengo
tres
disparos
en el pecho.
Aprieto un poco los puntos,
y se me enreda el corazón,
con tantos hilos sueltos.
Hace días que llueve en mis mejillas,
y tu nariz encaja en el hueco que dibuja mi clavícula con una
    perfección exquisita.
Me aterra mirarte a los labios y no verte.
Por eso siempre cierro los ojos cuando te acercas,
esperando ese beso que me calle
y me devuelva a los veinte.
Veinte años.
Sin engaños, ni daños.
Existe cierta belleza en la nostalgia que sólo conoce el que se
    descubre las entrañas
cuando siente.
Tengo
tres
disparos
en mi pecho.

De, al abrazarte, sentir tus manos aferrándose a mi espalda
como si al separarte el dolor fuera a salir a borbotones por los
   agujeros derramándose por la habitación,
como si soltarla supusiera renunciar a la libertad de quererme
   sin querer,
pero queriendo.
Qué pocos saben desnudar el nudo
cuando ya vieron el cuerpo.
Tengo
tres
disparos
en mi pecho.
De cada vez que al tenerte
me he encontrado de frente
con el miedo a no poder volver a hacerlo.

PREGUNTA AL AIRE

¿Cuántos pedazos tiene un corazón
cuando lo rompen por tercera vez?

RESPUESTA AL AIRE

No los cuentes.
No valen lo que duelen.
Pero que nos quiten lo sentido.

UNA BOLSA AZUL

Es exactamente eso lo que queda.

Nada más.

Unas manos desconocidas envueltas en guantes de látex introducen
sus pertenencias en una de esas bolsas de plástico de color
azul pastel, y te las devuelven con una frialdad rutinaria,
estremecedora, como si te entregaran el ticket de la compra.

Quédese con el cambio, gracias.

Hasta el día de hoy siempre he creído,

o he querido creer,

o he querido creer que creía,

en que había un final después del final,

en que quedaba algo.

Pero hoy estoy aquí sentada, con la bolsa azul entre mis manos, y
siento un vacío tan inmenso dentro que creo que es humanamente
imposible que haya algo más.

Hago un esfuerzo por respirar de manera absolutamente mecánica y
el aire me hace eco en la caja torácica

y aunque intuyo que hay oxígeno en mis pulmones y mi cuerpo
expulsa CO_2, porque no me muero, lo cierto es que me siento así.

Como si estuviera muerta.

Muerta en vida, que se suele decir.

Enterrada en una realidad que siento que no me pertenece,

Con un montón de tierra pesada derramada sobre mis entrañas que
me presiona y me ahoga.

¿Qué es exactamente lo que queda?
Nada.
Lo que queda es nada.

TU OLOR

Has dejado tu camisa sobre la cama.

Deslavazada, revuelta, como tú.

La sostengo entre mis manos y la acerco involuntariamente a mi
   nariz para valorar si formará parte de la última colada.

Y entonces sucede.

Tu olor.

Tu olor me duele y me salva a partes iguales,

tan iguales que no soy capaz de distinguirlas.

Me falta el aire y al mismo tiempo no puedo respirar si dejo de
   olerla.

Rompo a llorar una vez más,

y siento la necesidad de que me abraces,

de que sólo si me abrazas dejará de dolerme tanto el corazón.

Abrazo tu camisa y me abrazo a mí,

abrazo un hueco vacío.

Y nada, absolutamente nada puede dolerme tanto,

en ese momento.

CONTRACORRIENTE

Hoy te lloré todo un río.
Y, al respirar, me sangraron las retinas
y el aire me arrancó la rabia a borbotones.
Hoy te lloré todo un río.
Pero no me arrastró la corriente.

PUNTADAS CON HILO

A veces uno está más roto de lo que pensaba mientras se cosía.
Y la herida vuelve a abrirse.
Y no pasa nada.

A veces el dolor no avisa.
Llega sin llamar a la puerta de la mano de una nostalgia
que se sienta en el punto exacto en el que, al coger aire, te
    duelen las entrañas
y cada recuerdo es una puntada muerta de no retorno
que te atrapa y te empuja hacia un vacío lleno de reflejos de
    angustia.

A veces el dolor no avisa.
A veces uno está más roto de lo que pensaba mientras se cosía.
Y no pasa nada.

TRES PUNTOS SUSPENSIVOS

Últimamente
siento que no soy de nadie
desde que tú no recuerdas quién soy.
Me desbordan las uñas por la boca
de llorar la pena a suspiros y me arañan la voz
cuando grito tu nombre
y no apareces.
Me dejaste el alma en visto
escribiendo
Un
Dos
Tres
puntos suspensivos.
Y el mensaje nunca llega.
Y mis manos aún anhelan leerte en braille
de norte a sur.
Hasta alcanzar el muerto en el que revivirte.
Quiero calma.
Hasta que la calma me colme.
Y no me baste.
Pero últimamente siento que no soy de nadie,
desde que tú
no recuerdas
quién soy.

RESIDUOS DE DISPARO

Hoy volví a ti.
Me doliste mucho, y muy adentro.
Pero he aprendido que uno puede volver a cualquier parte,
y no necesariamente tiene que ser para quedarse.

DIOR

He empezado a olvidar tu olor.
Nunca pensé que pudiera suceder,
pero está pasando.
Cierro los ojos y te imagino aquí, conmigo.
Imagino tu sonrisa, tu voz, tus ojos.
Tus ojos…
Pero no consigo recordar tu olor.
Así que acabo de entrar a la perfumería,
sin ánimo ni intención ninguna de comprar tu perfume,
solamente para olerlo.
Una palabra, cuatro letras,
y un vuelco al corazón.
Cojo uno de esos palitos de papel con la mano derecha, y con
    la izquierda aprieto el dispensador de muestra.
Me tiembla la mano mientras lo acerco hacia mí,
como si realmente fueses tú quien se estuviera acercando.
Y ahí estás, de nuevo, como si nunca te hubieras marchado.
Aferrarse a los buenos recuerdos es una de las peores
    decisiones que alguien que intenta olvidar a otro alguien
    puede tomar.
Y aquí estoy,
tomando una mala decisión,
una vez más.

TRES HUECOS VACÍOS

He olvidado tu olor.
Y no sé qué me duele más.
Si la nostalgia del momento,
o el no poder sentirlo.
Tu voz me habló en sueños y me dijiste «tranquila».
Y yo me pregunto:
¿Cómo voy a estar tranquila, si cada vez que cojo aire siento
    tres huecos vacíos en el pecho?
Me abrazo a ellos y siento eco al respirar.
Me abrazo a ellos,
y ya no siento nada.

AUNQUE A VECES DUELA

Nos han vendido tanto el discurso de que debemos estar
   emocionalmente estables para recibir amor,
que vivimos boicoteándonos continuamente creyendo no merecer
   recibirlo por no tener el corazón con las piezas en su sitio.
Y no es verdad.
Ese discurso es absolutamente falso.
Si te sientes derrotado,
ten siempre presente una cosa:
hay una batalla ganada en aquello que eliges no repetir.
Aunque a veces duela.

SEGUNDA PARTE

DETONACIÓN

MANIOBRAS DE ESCAPISMO

Necesito irme antes de que vuelvas.

ENTRE COSTURAS

Tengo el corazón agarrotado.
Estiro las costuras con cuidado
y plancho los vértices
de las grietas que llevan tu nombre.
Algún día las calles dejarán de hablarme de ti.
Los atardeceres dejarán de consumirse en pedazos de alfileres
    cobrizos,
escurridizos,
oxidados por la sal que mis pupilas licúan y derraman en
    silencio.
Los escaparates no me devolverán tu mirada
con esa inquietante transparencia que me conmueve y me
    recuerda que eso fue lo que te faltó siempre.
Que tú y yo nunca hablamos el mismo idioma,
y el mío siempre declina con la verdad como prefijo dominante.
Aunque escueza.
Tengo el corazón agarrotado, sí.
Pero en pleno siglo XXI los médicos siguen sin recetar anestesia
    para el alma en pastillas de 600 miligramos,
y la piel no sufre amnesia emocional.
Y yo no sé soltar sin agrietarme las manos.
Agarro el clavo y me arden los dedos.
Tengo el corazón agarrotado,
pero ya no me esfuerzo en coser las costuras.

Tan solo las estiro, con cuidado.
Las dejo partirse.
Las dejo partir.
Ir.
Irse.
Irse tarde.
Pero a tiempo.

EL VESTIDO DE LUNARES

Sigo teniendo el vestido de lunares,
pero ya no me llueven las flores pensando en ti.
Tus tréboles dejaron de tener cuatro hojas cuando hablan del amor
y siento,
a cada paso,
en cada suspiro,
que hace tiempo dejamos de respirar el mismo aire,
de ser ese aire
en ese jardín de pétalos impares.
Ahora todos son pares.
Todos dicen que no.
Que no habrá un cuarto disparo.
Sigo teniendo el vestido de lunares,
pero ahora siento
que me sienta mejor
aquí.
Sin ti.

LUGARES

Hay lugares en los que uno no sabe bien por qué se queda.

Se queda y punto.

Lo siente así.

Porque, probablemente, si lo supiera saldría huyendo.

Y no hay nada más triste que huir del lugar en el que conseguiste sentir.

Nada.

MI LUGAR

Hace unos meses me hice una pregunta que me costó bastante
  responderme,
por aquello del «nunca toques donde un día sentiste que dolía».
¿Hace cuánto tiempo estás donde no quieres estar?
Yo no pido mucho,
me adapto fácil,
pero todo lo que necesito a mi lado
tiene que ser de verdad.
Y, honestamente, no sé si tengo claro dónde quiero estar,
pero sí sé dónde no quiero.
Y con los años,
y los daños,
he aprendido,
que ningún lugar tiene sentido sin las personas que te llenan,
y que donde conozcan a tus fantasmas una noche,
y a la mañana siguiente se tomen un café con ellos,
ahí es.
Ese es tu lugar.

TENGO LOS BRAZOS MUY LARGOS

Tengo los brazos muy largos.
Sesenta y nueve centímetros,
me los medí una vez, sí.
Con el metro de costura de mi madre.
Mi madre siempre ha cosido,
al menos siempre desde que yo la conozco.
Sobre todo para los demás,
aunque a veces se le enrede el corazón con tantos hilos sueltos,
ella siempre anda cosiendo algo para el resto.
Cuando me asomo a sus ojos
siento que tengo una casa
con vistas al mar
en primera línea de playa.
Y no puedo dejar de mirarla.
Mi madre es pequeñita.
Con mis brazos largos la abarco entera y me sobra.
La abrazo menos de lo que debería.
En general a todo el mundo,
me cuesta abrazar.
El contacto físico
me cuesta.
Me cuesta mucho.

Tengo los brazos muy largos,
y los dedos de las manos muy largos,

las manos grandes.

Manos de pianista, como me dice mi padre.

Él también tiene los brazos largos

Y los dedos largos

Y las manos grandes.

Es grande, en general.

Sobre todo por dentro.

Brazos largos

dedos largos

manos grandes, sí.

Las miro y siento estrofas recorriéndome las venas,

Siento estrofas recorriéndome la piel,

siento la música dentro.

Me gusta imaginar las teclas bajo las yemas,

acariciarlas, sentirlas,

cierro los ojos y todo lo demás alrededor no existe.

No existe nada.

Ni siquiera las sombras.

Cuando las sombras llegan me refugio en melodías que me salvan.

La armonía se disipa,

pierdo el ritmo,

el ruido me hace silencio.

Y en el silencio encuentro paz.

Y nadie me habla.

y yo no necesito hablar.

Hablo menos de lo que debería.

Me cuesta hablar.

Me cuesta hablar de ciertas cosas.

Me cuesta mucho.

Tengo los brazos muy largos,
Y no tengo tiempo de sentir.
Porque cuando tenía el tiempo, y las ganas, y la vida a flor de piel,
nunca nadie me dijo que tenía los brazos muy largos.
Pero muchas veces me dijeron que tenía la falda muy corta.

EL TIEMPO NO TODO LO CURA

Siempre dicen que el tiempo todo lo cura.
Vivimos aferrándonos a los minutos,
exprimiéndolos uno a uno como si fueran gotas de alcohol que
   derramamos lacónicamente sobre los puntos sin sutura,
permitiendo que nos escuezan
con la esperanza de que algún día dejen de hacerlo.
No lo harán.
El tiempo no todo lo cura.
El tiempo no cura los años, ni los daños,
el tiempo no cura la vida.
Te curas tú, cuando logras hacerte cargo de la herida.

SOBRE LA IMPORTANCIA DEL TAMAÑO

Ser demasiado es infinitamente peor que no ser suficiente.
Porque cuando uno no es suficiente, puede esforzarse por
   mejorar para acabar encajando en un hueco que inicialmente
   le queda grande.
Pero cuando uno es demasiado,
no puede hacer absolutamente nada para encajar en un hueco
   que le queda pequeño.
Y lo de sentir que uno no encaja en ningún sitio es una putada.
Una auténtica putada.

LA LISTA

Hoy he hecho una lista con las cosas que las personas que me
quieren más me repiten últimamente:

— Puedes con todo, pero no con todo a la vez.
— No te exijas tanto.
— Estás muy guapa. No hagas caso, no has adelgazado
demasiado.
— Si te falta el aire, para. Sin respirar no llegarás.
— No busques explicación a absolutamente todo. Hay cosas
que no la tienen y personas que no la merecen.
— Si estás mal, llama. No estás sola.

He hecho esta lista porque yo soy muy cabezota y a mí me
cuesta hacerles caso.
Y quizás tú, que ahora me estás escuchando, seas como yo.
Quizás a ti también te pase.
Quizás a ti también te ayuden.

SIN ANESTESIA

Si pudieras volver atrás en el tiempo,
a un día concreto de tu vida para vivir de nuevo ese momento, ¿cuál sería?

¿Y si pudieras borrar de tu memoria uno de esos momentos pasados?
¿Por qué, entonces, vuelves mentalmente más al segundo que al primero?
¿Por qué te haces eso?

Dejen de mentirle a la gente rota,
no hay anestesia que dure eternamente.
Ninguna herida se cura sin haber regresado a ella antes.
Dejen que duela.
Dejen que pase.
Y dejen que sane.

TU JERSEY

Todavía me recuerdo dentro de tu jersey.
Ese con el que mis manos quedaban totalmente encapuchadas
   por los puños y en el que si me escondía sentía la seguridad que
   proporciona un caparazón que se proclama indestructible,
inaccesible, aséptico.
Recuerdo cómo abrazaba mis piernas dentro de él, cómo
   agachaba la cabeza hasta acariciarme el pecho con la barbilla y
   me balanceaba, sumida en la simpleza del anodino movimiento,
   adelante y atrás.
Adelante y atrás.
Rítmicamente.
En silencio.
Pocas cosas me han desconectado y conectado conmigo tanto en
   esta vida,
y pocas cosas en esta vida me han concedido tanta paz.

Llevo ciento sesenta y nueve días sin abrazar a nadie por dentro,
ni siquiera a mí.
Quizás por eso me asuste buscar lo que sé que ya he encontrado.
Quizás por eso sienta tanto frío fuera del poema.
Quizás por eso ya no ubique paz en tus recuerdos.
Sobrevivo
atrincherada en batalla a corazón abierto,
y me hace gracia cuando me dicen eso de que el tiempo curará las
   heridas.

Yo no tengo heridas.
Yo soy la herida.

El jersey ha dejado de oler a ti.
Qué difícil asumir que hay olores que nunca más volverán a
    atravesar nuestras fosas nasales,
que nunca más volverán a atravesarnos por dentro.
Qué difícil.
Asumir el final cuando no toca.
Porque a veces no toca y a ti no te tocaba.
Pero ahora sé,
porque lo sé,
que abrazar un hueco vacío es el tránsito que hay que recorrer hacia
    ese lugar en el que alguien volverá a abrazarme por dentro.
Así, colmado de paz.
Así, como lo hacías tú.

TERCERA PARTE

EXPLOSIÓN

PETICIÓN

Regálame las ganas de un amor que ~~duela~~ huela a ti.

CUANDO SONRÍE

Cuando sonríe se dibuja un paréntesis en su mejilla izquierda.
Como las cosas que no tienes ni puñetera idea de cómo pudieron
   empezar,
pero sabes cómo pueden acabar.
Cuál es el fin,
hacia dónde te llevan.
Y eso me gusta.
Me da vértigo. Pero me gusta.
Cuando sonríe se le rasga el mar en los ojos,
y a mí se me derrama la vida a borbotones de verle feliz.
Me pierdo y no quiero encontrarme
porque sé que en ellos nado en paz.
Cuando sonríe con las yemas de mis dedos recorro la tinta en su
   piel y siento la música en sus venas.
Siento que, si se desangrara, inundaría de ritmo al mundo entero,
a cada rincón del planeta.
Siento el ruido y a mí me hace silencio.
Y, si fuera canción, yo le bailaría.
Le bailaría hasta sin saber los pasos.
Cuando sonríe.

ME MIRABAS MIENTRAS SONREÍAS

Tengo que confesarte algo.
Hace unos días, de madrugada, entré de puntillas a tus redes sociales.
Me paseé por tus vídeos con cuidado,
evitando dejar caer algún like a deshoras,
y me detuve en algunas de tus fotos.
Acabé en tus historias destacadas y encontré una que no había visto antes.
Observé tu sonrisa en blanco y negro.
Cómo me mirabas mientras sonreías
a través de la pantalla,
sin saber que estaba al otro lado.
Ya ves tú qué tontería, si ni siquiera me conocías en ese momento.
Pero lo hacías.
Me mirabas y sonreías,
mientras sonaba esa guitarra de fondo que ahora me está sonando por
    dentro.
La recuerdo y se me eriza hasta el alma.
Me mirabas y sonreías
y te juro que por un instante te sentí haciéndolo aquí, conmigo.
Sonreír y todo lo demás.
Y la vida comenzó a tener sentido otra vez.
Entonces levanté la cabeza,
despertando de ese letargo improvisado que acababa de generarme verte
    en dos dimensiones,
y pensé en lo relativo que es esto que llamamos realidad.

Porque acabo de volver a entrar a tu perfil, a buscar de nuevo esa foto, y estoy aquí sonriendo como una idiota sólo de verte sonreír sin verte.
Gracias por todo lo que pasa cuando sonríes.
Espero que nunca dejes de hacerlo.

CUANDO ME ASOMO A SUS OJOS

Siento vértigo en el alma cuando me asomo a sus ojos.
Porque veo un mar inmenso
y no veo el fondo.
Siento que nada cansado y temo que en todo se ahogue.
Quiero salvarlo.
Me da miedo.
Quiero que no toque fondo.
Me da miedo.
Me da miedo tocarlo yo.
Pero también,
cuando me asomo a sus ojos,
siento que tengo una casa
con vistas al mar.
En primera línea de playa.
Y no puedo dejar de mirarla.

EL BRINDIS

Por todas esas veces en las que me dijeron que ahí no era,
y decidí insistir una vez más.

EL BUEN CAFÉ

Mi abuela siempre me decía
que las mujeres de hoy en día
merecemos un amor que sepa hacernos buen café.
Nunca tuve claro a qué se refería,
pero ahora sé que el amor no tiene que ver con el tipo de café que te
    preparen,
sino con cómo te lo hagan.
Y que, cuando el corazón se rompe,
hay que saber a quién entregar tus pedazos,
para recuperarlos
cuando tengas ganas.
Que llegar a casa oliendo a ti se convirtió en mi nuevo pasatiempo
    favorito.
Y que no siempre debes irte.
Que a veces sólo basta con cambiar tu manera de quedarte.

UN LUGAR DONDE QUEDARSE

Para mí tener inteligencia emocional es sentir que tienes la
  capacidad de dañar a los demás y protegerles de ello.

Y puede que en ocasiones veas el vaso medio lleno, pero si lo
  ves medio vacío es mejor tomártelo de un trago.

Hay lugares que son personas, y personas en las que uno no
  sabe bien por qué se queda.

Se queda y punto.

Lo siente así.

Y probablemente si lo supiera saldría huyendo.

Pero no hay nada más cobarde que huir del lugar en el que
  conseguiste sentir.

Porque para quedarte no necesitas estar listo.

Necesitas ser valiente.

COLONIA

He cambiado de colonia.
Estoy acostumbrándome a mi nuevo olor.
Creo que me gusta.

RESPUESTA SIMPLE

Sonríe mientras me besa.
Y ahí está la explicación de todo.

TRES CLAVOS

Al clavo
que saca otro clavo
nunca le avisaron
de que no debía enamorarse.
Enamorarse me parece una palabra horrible,
así que creé un verbo con tu nombre
y me hice musa de tus versos.

Nos dicen que no nos conformemos con las migajas, sí.
Pero de niños,
nos leen a Pulgarcito los domingos.

Y aquí estamos otra vez un jueves, con otro año recién estrenado.
No sé vosotros, pero yo al mío todavía no le he quitado la etiqueta, por
    miedo a que no me guste y lo quiera devolver.
Así funcionamos últimamente.
Si algo no nos gusta, lo cambiamos, lo desechamos, lo dejamos atrás.
Con el anterior me lo he pensado bastante, de hecho, pero al final he
    decidido quedármelo, porque me ha enseñado varias cosas:

la primera,
que eso que siempre dicen de que de amor nadie se muere es mentira.
Porque yo ya morí tres veces
y después resucité.
O eso creo, porque estoy aquí.

La segunda,
que no se puede vivir en una mesa de Navidad constante.
Añorando siempre a los que faltan, sin disfrutar de los que están.
Y de los que llegan nuevos.

La tercera,
que sonreír mientras me besas y matar de empacho de azúcar a
    quien nos vea
me parece el homicidio involuntario más dulce del mundo.
Y te lo digo hoy que estoy valiente,
por si mañana no me atrevo,
o me vuelvo diabética
o escéptica, o ecléctica,
Yo qué sé,
y me parece un alarde de arrogancia innecesario.
Y lo quiero descambiar.

La cuarta,
que ya no tengo miedo de pensarte y que se me escapen los
    hoyuelos.
Que te pienso y de fondo suenan poemas que me hablan de ti.
Que quiero traspasarte más allá de este escenario.
Que quiero declamarte, recitarte, tocarte y hundirte,
hasta que el agua te colme y no te baste.
Que quiero dormirme escuchando el mar
y que te tumbes conmigo en la arena
mientras yo construyo castillos
con los restos que nos quedan,

porque llevo un mar entero entre las piernas
y no me cabe más arena dentro,
y ya no sé qué voy a hacer.
Ya no sé
qué voy a hacer
cuando vuelva a subir la marea.

Y la quinta,
que después de tanto clavo malgastado, de tanto verso derramado,
he aprendido
a no perder mi tiempo
en intentar cambiar la opinión de la gente a la que no le gusto.

Porque al clavo
que saca otro clavo
nunca le avisaron
de que no debía enamorarse.
Porque sí, enamorarse me sigue pareciendo una palabra horrible,
por eso creé un verbo con tu nombre
y me hice musa de tus versos.
Pero no me conformé con eso.
No me conformé con eso,
y al final me enamoré.

AGRADECIMIENTOS

Esta es la página que más me cuesta escribir siempre, porque son muchas las personas que me acompañan a lo largo del proceso creativo y que, consciente o inconscientemente, forman parte de mi universo literario.

Sé que siempre dedico varias páginas agradeciéndoos el regalo que es para mí seguir creando a vuestro lado, pero esta vez siento que debe ser diferente.

Escribí tres disparos en el pecho en tres meses.

Hay tres personas que vivieron el impacto de la última bala como si lo recibieran ellas.

Tres personas que hurgaron en mis entrañas con una delicadeza exquisita hasta extirpar conmigo la metralla, que me ayudaron a suturar las heridas cada día al tiempo que colocaban sus manos sobre ellas mientras las sentían supurar.

Tres personas sin las que creo que este poemario no hubiera visto la luz.

Ni yo tampoco.

Laura, Víctor, Vir. Os quiero. Os debo una vida.

Gracias.

ÍNDICE